LEVEL 3

사이언스 리더스

차별 없는 세상을 연
넬슨 만델라

바버라 크레이머 지음 | 김미선 옮김

비룡소

바버라 크레이머 지음 | 어린이와 청소년을 위해 역사 속 인물부터 오늘날 우리 주변에서 활약하는 사람들까지 다양한 인물들의 삶을 이야기로 풀어내는 작가이다.

김미선 옮김 | 중앙대학교 사학과 졸업 후 미국 마켓 대학교에서 커뮤니케이션으로 석사 학위를 받았다. 현재 어린이·청소년 책 출판 기획 및 전문 번역가로 활동하고 있다. 옮긴 책으로 『딸에게 보내는 인문학 편지』, 『런던의 마지막 서점』, 『어쩌다 고고학자들』, 『기네스 세계 기록 2025』 등이 있다.

이 책은 넬슨 만델라 재단이 감수하였습니다.

내셔널지오그래픽 키즈 사이언스 리더스
LEVEL 3 차별 없는 세상을 연 넬슨 만델라

1판 1쇄 찍음 2025년 10월 20일 1판 1쇄 펴냄 2025년 11월 14일
지은이 바버라 크레이머 옮긴이 김미선 펴낸이 박상희 편집장 전지선 편집 이혜진 디자인 김연화
펴낸곳 (주)비룡소 출판등록 1994.3.17.(제16-849호) 주소 06027 서울시 강남구 도산대로1길 62 강남출판문화센터 4층
전화 02)515-2000 팩스 02)515-2007 홈페이지 www.bir.co.kr 제품명 어린이용 반양장 도서 제조자명 (주)비룡소
제조국명 대한민국 사용연령 3세 이상 ISBN 978-89-491-6968-2 74400 / ISBN 978-89-491-6900-2 74400 (세트)

NATIONAL GEOGRAPHIC KIDS READERS LEVEL 3
Nelson Mandela by Barbara Kramer
Copyright © 2014 National Geographic Partners, LLC.
Korean Edition Copyright © 2025 National Geographic Partners, LLC.
All rights reserved.
NATIONAL GEOGRAPHIC and Yellow Border Design are trademarks of the
National Geographic Society, used under license.

이 책의 한국어판 저작권은 National Geographic Partners, LLC.에 있으며, (주)비룡소에서 번역하여 출간하였습니다.
저작권법에 의해 한국 내에서 보호를 받는 저작물이므로 무단 전재와 무단 복제를 금합니다.

사진 저작권 Cover, Trevor Samson/AFP/Getty Images; 1, LatitudeStock/David Forman/Getty Images; 2, Globe Turner/Shutterstock; 5, Denis Farrell/AP Images; 6, courtesy of Charles van Onselen/NMF; 7 (UP), David Turnley/Contributor/Getty Images; 7 (LO), David Turnley/ Corbis/VCG via Getty Images; 9, Felix Dlangamandla/Foto24/Gallo Images/Alamy Live News/Alamy; 10-11, Rck88/flickr; 12, Carl de Souza/AFP/Getty Images; 13, Chip Somodevilla/Getty Images; 15 (UP), PKA Gaeshwe/Black Star; 15 (LO), courtesy of the Stengile family/NMF; 16 (UP), Fox Photos/Getty Images; 16 (LO), Eric Isselee/Shutterstock; 17 (UP), Fox Photos/ Hulton Archive Creative/Getty Images; 17 (CTR), Roger De La Harpe/Gallo Images; 17 (LO), Alain Nogues/Getty; 18-19, courtesy of University of Fort Hare; 20,Louise Gubb/Corbis via Getty Images; 21, Markus Schreiber/AP Images; 23, Jurgen Schadeberg/ Hulton Archive/Getty Images; 25, Jurgen Schadeberg/Getty Images; 26, Keystone-France/Gamma-Keystone via Getty Images; 27, OFF/AFP/Getty Images; 29, Mary Benson Estate/Getty; 30, Frank Micelotta/Getty Images; 32 (UP), Erik S. Lesser/AP Images; 32 (CTR), API/Gamma-Rapho via Getty Images; 32 (LO), Oryx Media Archive/Gallo Images/Getty Images; 32 (BACKGROUND), Tatyana Alexandrova/Shutterstock; 33 (UPLE), Steve Pyke/Contour by Getty Images; 33 (UPRT), courtesy of the National Archives of South Africa; 33 (CTR LE), Mark Wilson/AP Images; 33 (CTR RT), Alexander Gardner/Library of Congress Prints & Photographs Division; 33 (LO), Dai Kurokawa/Epa/Shutterstock; 34-35, Gideon Mendel/Getty; 37, Alexander Joe/AFP/Getty Images; 37 (INSET), Tom Stoddart Archive/Reportage/Getty Images; 38, Andrew Ingram/POOL/AP Images; 39, Jon Eeg/AP Images; 40 (UP), Javier Soriano/AFP/Getty Images; 40 (LO), Stephen Jaffe/POOL/AP Images; 41 (UP), Walter Dhladhla/AFP/Getty Images; 41 (LO), Oryx Media Archive/ Gallo Images/Getty Images; 43, Mike Hutchings/Reuters; 44 (UP), Gaeshwe/Black Star; 44 (CTR), Chip Somodevilla/Getty Images; 44 (LO), API/Gamma-Rapho via Getty Images; 45 (UP), courtesy of the Mandela Foundation; 45 (CTR LE), Alexander Joe/AFP/Getty Images; 45 (CTR RT), Media24/Gallo Images/Getty Images; 45 (LO), Javier Soriano/AFP/Getty Images; 46 (UP), Jurgen Schadeberg/ Hulton Archive/Getty Images; 46 (CTR LE), michaeljung/Shutterstock; 46 (CTR RT), Jurgen Schadeberg/Getty Images; 46 (LOLE), Lisa S./Shutterstock; 46 (LORT), Jeff Kowalsky/AFP/Getty Images; 47 (UPLE), Joey Foley/FilmMagic/Getty Images; 47 (UPRT), Walter Dhladhla/AFP/Getty Images; 47 (CTR LE), Martin Cleaver/AP Images; 47 (CTR RT), David Turnley/Contributor/Getty Images; 47 (LOLE), Keystone-France/Gamma-Keystone via Getty Images; 47 (LORT), George F. Mobley/National Geographic Creative; header (THROUGHOUT), balabolka/Shutterstock; vocab (THROUGHOUT), Robert Biedermann/Shutterstock

이 책의 차례

넬슨 만델라는 누구일까? 4
족장의 아들 8
새로운 터전 10
변화의 시작 12
리더십을 배우다 14
만델라가 살던 시대에는… 16
학생들의 시위 18
대도시로 떠나다 20
새로운 기회 22
기나긴 재판 26
새로운 결심 28
감옥에 갇히다 30
만델라에 관한 8가지 놀라운 사실! 32
만델라를 석방하라! 34
평화를 이야기하다 36
새로운 삶 40
도전! 넬슨 만델라 퀴즈 44
알아 두면 쓸모 있는 용어 46
찾아보기 48

넬슨 만델라는 누구일까?

만약 피부색에 따라 사람을 다르게 대하는 나라에 산다면 어떨 것 같니? 그 나라 사람들 대부분이 흑인인데, 몇몇 백인이 나라를 마음대로 쥐락펴락한다면 말이야.

백인은 흑인이 어디에서 살고, 어떤 학교에 다닐지 정해. 심지어 백인이 원한다면 흑인이 사는 집을 마음대로 빼앗아 갈 수도 있어. 법을 만드는 사람도 백인, 누가 나라를 다스릴지 정하는 사람도 백인이지.

이런 일이 실제로 있었어. 바로 넬슨 만델라가 살았던 때 남아프리카 공화국의 이야기란다.

넬슨 만델라가 환하게 웃고 있어. 그가 이렇게 웃기까지 어떤 일들이 있었을까?

만델라는 모든 사람이 똑같이 존중받아야 한다고 믿었어. 피부색은 전혀 중요하지 않았지. 그는 흑인과 백인이 **동등한 권리**를 가질 수 있도록 앞장서서 싸웠어. 아주 힘든 싸움이었어. 자신의 믿음을 지키기 위해 오랫동안 감옥에 갇히기도 했지. 그래도 그는 결코 포기하지 않았어.

만델라는 끝까지 **인종 차별 주의**에 맞서 싸웠고, 지금 전 세계 사람들이 존경하는 영웅이 되었단다.

넬슨 만델라 용어 풀이

동등한 권리: 누구나 차별 없이 똑같이 대우받는 것.

인종 차별 주의: 피부색에 따라 사람을 다르게 대하려는 생각.

넬슨 만델라의 한마디

"진정한 지도자는 국민의 자유를 위해 모든 것을 희생할 준비가 되어 있어야 합니다."

차별의 법, 아파르트헤이트

1948년부터 1994년까지 남아프리카 공화국에는 흑인과 백인을 서로 떨어뜨려 놓는 법이 있었어. 이 법을 '아파르트헤이트'라고 불렀지. 아파르트헤이트는 남아프리카 공화국의 언어 중 하나인 아프리칸스어로 '분리'라는 뜻이야. 이 법 때문에 흑인은 정해진 마을에서만 살 수 있었어. 흑인만 다니는 학교와 병원도 따로 있었는데, 백인이 다니는 곳만큼 시설이 좋지 않았단다. 또 흑인이 백인 전용 식당이나 버스를 이용하면 법을 어긴 죄로 벌을 받았다고 해.

족장의 아들

만델라는 1918년 7월 18일, 남아프리카 공화국의 음베조라는 작은 마을에서 태어났어. 아버지는 그에게 '롤리랄라'라는 이름을 지어 주었어. '말썽꾸러기'라는 뜻이었지.

넬슨 만델라 용어 풀이

부족: 같은 언어와 문화를 가지고 모여 사는 사람들의 집단.

족장: 부족을 이끄는 어른이자 중요한 결정을 내리는 사람.

지도에서 노란색으로 칠해진 곳이 만델라가 태어나고 자란 남아프리카 공화국이야.

| Q 일을 대충 하는 사람들이 모여 있는 땅은? | A 음움음룸 |

남아프리카 공화국 전통 집의 모습이야.
만델라는 이런 집에서 태어났어.

만델라의 아버지는 템부 **부족**의 **족장**이었어. 만델라가 아주 어렸을 때, 아버지가 마을의 백인 판사가 내린 판결을 받아들이지 않은 일이 있었어. 화가 난 판사는 아버지를 족장 자리에서 물러나게 했고, 가족의 땅마저 빼앗았지. 만델라의 어머니는 어쩔 수 없이 가족들을 데리고 쿠누 마을 근처 농장으로 살 곳을 옮겼단다.

깜짝 인물 정보

템부 부족은 남아프리카 공화국의 원주민 부족 가운데 하나야. 부족의 왕이 전체 부족을 다스리고, 그 아래 족장들이 각 마을을 맡아 이끌지. 템부 부족은 전통적으로 남자가 여러 명의 아내를 둘 수 있었어. 만델라의 아버지는 아내가 4명 있었고, 자녀는 모두 13명이나 되었대!

새로운 터전

오늘날 쿠누에 있는 넬슨 만델라 박물관이야. 박물관 안에는 만델라의 삶과 업적을 보여 주는 사진과 그림이 전시되어 있어.

쿠누에서 만델라의 가족은 오두막 세 채에서 살았어. 하나는 잠자는 곳, 하나는 요리를 하는 부엌, 나머지 하나는 물건을 보관하는 창고였지. 오두막은 진흙을 바른 벽에 흙으로 바닥을 다지고, 지붕은 마른풀로 덮은 작고 초라한 집이었어.

깜짝 인물 정보
만델라는 쿠누에서 보낸 어린 시절이 인생에서 가장 행복했던 때라고 말하곤 했어.

가족은 모두 일을 해야 했어. 만델라는 겨우 5살 때부터 염소와 양을 몰기 시작했지. 7살이 되어서는 가족 중 처음으로 학교에 다니게 되었어. 학교에 간 첫날, 선생님은 학생들에게 영어 이름을 하나씩 지어 주었어. 이날 만델라에게는 '넬슨'이라는 새로운 이름이 생겼단다.

변화의 시작

1930년, 만델라의 아버지가 세상을 떠났어. 그러자 아버지와 친구였던 템부 부족의 왕이 만델라를 불러 자신과 함께 살자고 했어. 만델라가 겨우 12살 때였지. 만델라의 어머니는 아들을 왕에게 보내고 싶지 않았어. 하지만 알고 있었어. 왕과 함께 지내면 만델라가 더 나은 삶을 살 수 있다는 걸 말이야.

만델라가 왕과 함께 살았던 대저택에 걸려 있는 현수막이야. 만델라는 '마디바(Madiva)'라고도 불렸어.

| Q | 왕이 궁궐에 가기 싫을 때 하는 말은? | 안시름 안시름 | A |

대저택에는 집, 오두막, 창고 등 건물이 여러 채 있었어.

만델라는 쿠누를 떠나게 되어 슬펐어. '마을과 가족에게 다시 돌아올 수 있을까?' 하는 생각이 자꾸만 들었지. 만델라는 걱정과 두려움을 안은 채 왕이 살고 있는 음케케즈웨니 마을에 도착했어. 그런데 마을에 들어서는 순간, 만델라는 눈이 휘둥그레졌어! 왕이 사는 곳은 지금까지 본 어떤 곳보다 훨씬 컸거든. 집이 두 채나 있었고, 오두막도 무려 일곱 채나 됐어. 사람들은 이곳을 '대저택'이라고 불렀단다.

리더십을 배우다

만델라는 왕과 함께 지내며 처음으로 훌륭한 지도자란 어떤 사람인지 배웠어. 왕은 부족 회의에서 모든 사람에게 말할 기회를 주었고, 사람들이 하는 말을 하나하나 귀 기울여 들었어.

대저택에 온 부족 어른들은 만델라에게 부족의 역사를 가르쳐 주었어. 아프리카 영웅들에 대한 이야기도 들려주었지. 만델라는 그렇게 진정한 지도자의 모습과 지혜를 배워 갔단다.

만델라는 대저택 옆 작은 교실에서 15살 때까지 공부하다가, 이후 대저택에서 약 100킬로미터 떨어진 클라크버리 기숙 학교에 들어갔어. 19살이 되던 1937년에는 힐드타운으로 이사해서 고등학교 마지막 학년을 마쳤지.

어린 시절의 만델라

1938년, 힐드타운에서 찍은 학급 사진. 동그라미 친 사람이 만델라야.

만델라가 살던 시대에는…

1920년대, 넬슨 만델라가 어렸을 때 살았던 남아프리카 공화국은 지금과 많이 달랐어.

학교

많은 흑인 아이들이 학교에 다니지 못했어. 학교에 간 아이들도 대부분 교실이 하나뿐인 마을 학교에서 공부했지. 다른 나라에서 온 선교사들이 아이들에게 글과 종교를 가르치기 위해 세운 학교였어.

마을 사람들의 생활

만델라가 살던 마을에는 설탕이나 차, 커피를 살 수 있을 만큼 형편이 넉넉한 가족도 몇 있었지만, 대부분은 직접 기른 것을 먹고 살았어. 콩, 호박, 옥수수 같은 작물을 키우고, 소젖이나 염소젖을 마셨지.

교통수단

남아프리카 공화국에 사는 많은 백인들은 자동차를 타고 다녔어. 하지만 만델라를 비롯한 마을 사람들은 대부분 걸어 다녔단다.

장난감과 놀이

만델라가 살던 마을의 아이들은 진흙과 나뭇가지로 직접 장난감을 만들었어. 숨바꼭질, 술래잡기도 했지. 남자아이들은 나무 막대기로 싸우는 놀이도 즐겼어.

역사

그 시절 남아프리카 공화국은 유럽에서 온 백인들이 다스렸어. 백인들은 나라의 땅 대부분을 차지했고, 자기들 마음대로 법을 만들었어.

학생들의 시위

만델라는 1939년에 남아프리카 공화국 이스턴케이프주에 있는 포트헤어 대학교에 입학했어. 그곳에서 공부도 열심히 했지만, 재미있는 일도 참 많이 했지. 달리기를 좋아해서 **크로스컨트리** 팀에 들어갔고, 축구도 즐겨 했어.

만델라가 다녔던 포트헤어 대학교

| Q 축구공이 웃으면? | 풋룩 A |

대학교 2학년 때, 만델라는 학생회 **임원**으로 뽑혔어. 그런데 전교생 150명 중에 투표한 사람이 25명뿐이었어. 나머지 학생들은 학생 식당의 급식이 형편없다며 몹시 화가 나 있었고, 투표를 일부러 안 하며 **시위**한 거야.

만델라는 다른 학생들의 반대 뜻을 존중하며 임원을 맡지 않겠다고 했어. 교장 선생님은 그럴 거면 학교를 그만둬야 한다고 말했어. 만델라는 뜻을 굽히지 않고 학교를 떠났지.

넬슨 만델라 용어 풀이

크로스컨트리: 언덕, 숲길처럼 울퉁불퉁한 길을 달리는 경기.

임원: 학교나 모임에서 앞장서서 일을 맡는 사람.

시위: 사람들이 모여서 잘못된 일을 바꾸자고 말하거나 행동하는 것.

대도시로 떠나다

왕의 대저택으로 돌아온 만델라는 왕이 자신의 정략결혼을 준비하고 있다는 걸 알았어. 하지만 아직 결혼할 마음이 없었던 만델라는 요하네스버그로 도망치듯 떠나 버렸지.

결혼에도 계산이 필요해?

'정략결혼'은 가족끼리 힘을 합치려고 부모가 자녀들의 결혼을 미리 정해 놓는 거야. 그래서 결혼하는 사람의 마음보다 가족의 이익이 더 중요하게 여겨지기도 하지. 한 가족이 결혼에 찬성한다는 뜻으로 상대 가족에게 돈이나 선물을 보낼 때도 있어.

오늘날 음베조의 결혼식

요하네스버그는 자동차가 다니고 높은 건물이 있는 대도시였어. 만델라는 그 큰 도시에서도 흑인만 살 수 있는 구역에서 살아야 했단다. 그곳은 집들이 작았고, 전기나 수도도 없었어.

흑인 남성들이 할 수 있는 일이라고는 동네 근처 **광산**에서 금이나 다이아몬드를 캐는 것뿐이었어. 백인들이 광산의 주인이었고, 많은 돈을 벌어들였지. 하지만 흑인들은 오랜 시간 땀 흘리며 일하고도 적은 돈을 받았어.

넬슨 만델라 용어 풀이
광산: 땅속에 있는 금, 석탄, 다이아몬드 등을 캐는 곳.

만델라가 요하네스버그에서 처음으로 살았던 집

새로운 기회

어느 날 만델라는 요하네스버그의 백인 **변호사** 사무실에서 일할 기회를 얻었어. 변호사가 되고 싶었던 만델라에게 꿈을 이루는 첫걸음이었지. 그는 일을 하며 틈틈이 법 공부도 계속했어.

요하네스버그에서 만델라는 많은 사람들을 만났어. 그중에는 흑인과 백인의 동등한 권리를 위한 단체인 아프리카 국민회의 회원들도 있었어. 만델라는 1944년에 이 단체의 정식 회원이 되었단다.

같은 해, 그는 친한 친구의 사촌인 에벌린 메이스와 결혼했어. 두 사람은 아들 둘, 딸 둘을 낳았는데 안타깝게도 딸 하나는 아기일 때 세상을 떠났어.

> **넬슨 만델라 용어 풀이**
>
> 변호사: 갈등이 생겨 법의 판단이 필요할 때, 도움이 필요한 사람을 대신해 법 문제를 해결할 자격이 있는 사람.

깜짝 인물 정보

남아프리카 공화국의 흑인들은 16살이 되면 신분증을 꼭 갖고 다녀야 했어. 흑인들이 마음대로 도시를 오가거나 일하는 걸 막으려고 백인들이 경찰을 시켜 길에서 신분증을 검사하게 했거든. 신분증이 없으면 벌금을 내거나 감옥에 갈 수 있었어.

아프리카 국민회의 사람들이 요하네스버그에 모여서 흑인도 백인과 똑같이 돈을 벌고 투표할 수 있게 해 달라고 외치는 모습이야.

1950년대에 만델라는 아프리카 국민회의의 대표가 되었어. 사람들이 함께 걸으며 뜻을 전하는 행진과 모두 일을 멈추고 잘못된 법에 반대하는 **파업**을 도왔지. 변호사로서도 바쁘게 일했어. 1952년에는 친구 올리버 탐보와 함께 남아프리카 공화국 최초로 흑인을 위한 **법률 사무소**를 열었어!

만델라는 아침 일찍 나가서 밤늦게까지 집에 들어가지 못하는 날이 많았어. 집에 돌아오면 아이들은 이미 잠들어 있었지. 어느 날 큰아들이 아버지는 왜 집에 자주 오지 않는지 물었어. 만델라는 큰아들에게 차근차근 설명했어. 아버지는 수백만 명의 흑인들이 더 나은 삶을 살 수 있도록 일하고 있다는 걸 말이야.

넬슨 만델라 용어 풀이

파업: 자신의 뜻을 드러내기 위해 일부러 일을 멈추는 것.

법률 사무소: 변호사가 도움이 필요한 사람의 문제를 법에 따라 해결해 주는 곳.

법률 사무소에 있는 만델라

깜짝 인물 정보

만델라는 법을 공부하려고 요하네스버그의 비트바테르스란트 대학교에 들어갔지만, 학교를 끝까지 다니지는 못했어. 하지만 혼자 열심히 공부해서 변호사 시험에 합격했고, 1952년에 마침내 변호사가 되었어!

기나긴 재판

만델라가 하루 종일 버스를 타고 재판을 받는 곳에 도착했어.

1956년, 만델라는 다른 **활동가** 155명과 함께 체포되었어. **정부**를 무너뜨리려 했다는 **반역죄**로 붙잡힌 거야. **재판**은 무려 4년이나 계속됐어.

| Q | 아홉 명의 아이들을 세 글자로 줄이면? | 어이구 | A |

한참 재판 중이던 어느 날, 만델라가 아프리카 국민회의에서 활동하는 걸 좋아하지 않던 아내 메이스는 아이들을 데리고 집을 떠났어. 두 사람의 결혼은 그렇게 끝나 버렸지.

넬슨 만델라 용어 풀이

활동가: 어떤 일을 이루려고 열심히 힘쓰는 사람.

정부: 사회의 질서를 지키고 공공시설을 만드는 등 나라에 필요한 계획을 실행하는 곳.

반역죄: 나라를 다스리는 사람들을 몰아내고 대신 나라를 차지하려고 한 죄.

재판: 누가 잘못했는지 법으로 따져 보는 일.

재판이 여전히 끝나지 않은 가운데, 만델라는 위니 마디키젤라를 만났어. 둘은 1958년에 결혼했고, 이후 두 명의 딸을 낳았어.

깜짝 인물 정보

마디키젤라와 만델라는 서로 생각이 비슷했어. 마디키젤라 역시 아프리카 국민회의에 들어가 흑인의 권리를 위해 싸웠지.

새로운 결심

1961년, 마침내 재판이 끝났어. 만델라와 함께 재판받던 사람들은 죄가 없다고 판결받았지. 하지만 재판이 끝난 뒤에도 만델라는 숨어 지내야만 했어. 정부가 계속 그를 지켜보고 있었거든. 드러난 곳에서 아프리카 국민회의의 일을 하는 건 너무 위험했어. 만델라는 사는 곳을 자주 옮겼고, 다른 회원들과는 몰래 만났어.

만델라는 더 이상 평화롭게 시위하는 것만으로는 부족하다고 말했어. 이제는 더 강한 행동을 할 때가 됐다고 느낀 거야. 그래서 아프리카 국민회의의 군대를 만들고, 직접 이끌었어.

그는 다른 나라에 가서 도움을 구하는 일도 마다하지 않았어. 군인이 되기 위해 총과 무기를 다루는 군사 훈련도 받았지.

감옥에 갇히다

만델라가 갇혀 있던 로벤섬 감옥의 방이야. 이곳에서 무려 18년을 지냈어.

1962년, 여러 나라를 돌던 만델라가 남아프리카 공화국으로 돌아오자마자 체포되고 말았어! 여권 없이 다른 나라에 나가고, 파업을 이끌었다는 이유였지. 만델라는 **징역** 5년형을 **선고받아** 감옥에 갇히게 되었어.

감옥에 있는 동안 만델라는 또 다른 재판을 받았어. 이번에는 정부를 무너뜨리려 했다는 게 이유였어. 1964년 6월 11일, 만델라는 남은 평생을 감옥에서 보내야 하는 종신형을 선고받았어. 그때 만델라의 나이는 45살이었단다.

넬슨 만델라 용어 풀이

징역: 감옥에서 정해진 시간 동안 지내야 하는 벌.

선고받다: 법원으로부터 어떤 벌을 받도록 결정되다.

만델라는 케이프타운 근처 바다에 있는 로벤섬의 감옥으로 보내졌어. 그곳에서 만델라가 지낼 방은 매우 좁았어. 누워서 자려고 하면 머리는 한쪽 벽에 닿고, 발은 다른 쪽 벽에 닿았지. 침대라고 해 봐야 바닥에 깔린 얇은 매트뿐이었어. 게다가 변기 대신 양동이 하나를 받았다고 해.

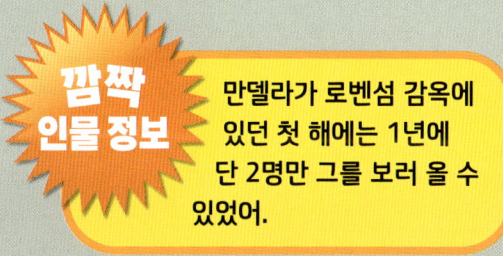

깜짝 인물 정보

만델라가 로벤섬 감옥에 있던 첫 해에는 1년에 단 2명만 그를 보러 올 수 있었어.

8 만델라에 관한 가지 놀라운 사실!

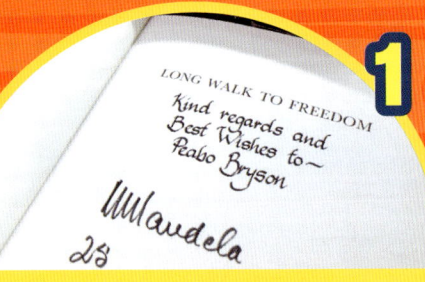

1. 만델라는 감옥에서 몰래 흑인의 동등한 권리를 위해 싸운 자신의 이야기를 썼어. 그 글은 1994년에 『자유를 향한 머나먼 길』이라는 제목으로 출간되었지.

2. 만델라는 운동으로 권투를 즐겨 했어!

3. 1964년, 만델라는 로벤섬 감옥에 갇힌 466번째 수감자였어. 그의 수감 번호 466/64는 자유의 상징이 되었단다.

수감자: 감옥에 갇힌 사람.
수감 번호: 수감자에게 붙이는 번호.

4

감옥에 있는 동안 만델라는 건강을 지키려고 제자리뛰기 45분, 윗몸 일으키기 200번, 팔굽혀펴기 100번을 연달아 했대!

5

만델라는 감옥 마당에 텃밭을 가꿨어. 거기서 경비원과 수감자들이 먹을 채소와 과일을 길렀지.

6

만델라는 상을 1000개 넘게 받았어. 그의 이름을 딴 학교도 45개가 넘는다고 해.

7

에이브러햄 링컨은 만델라가 존경한 지도자 중 한 사람이야. 어릴 때 학교에서 링컨에 대해 배웠다고 해.

8

만델라의 생일인 7월 18일은 '국제 넬슨 만델라의 날'로 정해졌어.

만델라를 석방하라!

감옥에서도 만델라는 지도자였어. 그는 수감자들의 형편없는 음식을 바꿔 달라며 평화로운 시위를 벌였어. 수감자들이 책을 얻어 공부도 할 수 있게 했지. 점점 다른 수감자들은 물론이고, 백인 경비원들까지 만델라를 존경했어. 그는 용감했고, 결코 희망을 버리지 않았거든.

깜짝 인물 정보

1988년, 영국 런던의 한 경기장에서 만델라의 70번째 생일 축하 콘서트가 열렸어. 7만 2000여 명이 경기장에 모였고, 전 세계 수억 명이 텔레비전으로 지켜보았지.

감옥 밖에서도 사람들은 만델라를 잊지 않았어. 1980년대에 아프리카 국민회의는 '만델라를 **석방하라!**'라는 **캠페인**을 열었어. 전 세계에 만델라를 풀어 달라는 포스터가 붙었고, 학생들은 행진하며 캠페인에 힘을 보탰지. 다른 나라 정부들도 남아프리카 공화국을 압박했어. 남아프리카 공화국의 물건을 사지 않거나, 남아프리카 공화국 스포츠 팀과 경기를 하지 않는 방법으로 말이야.

1986년 영국 런던에서 열린 넬슨 만델라 자유 축제에서 만델라를 석방하라고 외치는 사람들의 모습이야.

넬슨 만델라 용어 풀이

석방하다: 감옥에 잡혀 있던 사람을 풀어 주는 것.

캠페인: 많은 사람들이 같은 목표를 이루려고 함께하는 활동.

평화를 이야기하다

로벤섬에서 18년을 보낸 만델라는 1982년에 다른 감옥으로 옮겨졌어. 그 무렵 거리에는 경찰과 시위대의 싸움이 점점 더 거세지고 있었지. 만델라는 이제 변화를 이룰 때라는 걸 깨달았어. 그는 여전히 감옥에 있었지만, 정부 사람들을 만나 평화와 모두의 동등한 권리에 대해 이야기했어.

1989년, 프레데리크 빌렘 데 클레르크가 남아프리카 공화국의 새 대통령으로 뽑혔어. 만델라만큼 평화를 바랐던 그는 1990년 2월 11일, 만델라를 석방했어! 그때 만델라는 71살이었고, 무려 27년을 감옥에서 보낸 뒤였단다.

1990년 5월, 만델라(왼쪽)와 데 클레르크 대통령(오른쪽)이 아파르트헤이트를 끝내기 위해 만났어.

하지만 해야 할 일은 여전히 많았어. 만델라와 데 클레르크 대통령은 남아프리카 공화국의 미래를 위해 여러 차례 만나 이야기를 나눴어. 두 사람의 뜻이 늘 같았던 건 아니야. 하지만 둘은 아파르트헤이트를 끝내기 위해 함께 노력했어. 또 모든 인종이 투표할 수 있는 자유로운 나라를 만들기 위해 힘을 모았지.

| Q 언제나 용서를 구하는 나무는? | 사과나무 A |

1994년 4월 27일, 마침내 남아프리카 공화국의 흑인들이 처음으로 대통령을 뽑는 투표에 참여할 수 있게 되었어. 그들은 만델라에게 투표했고, 만델라는 남아프리카 공화국의 첫 흑인 대통령이 되었지. 그의 나이 75살 때였어.

대통령이 된 만델라는 용서에 대해 이야기했어. 그동안 나라가 갈라져 있었지만, 이제는 모든 인종이 함께 힘을 모을 때라고 말이야.

평화를 위한 상

1993년에 만델라와 데 클레르크 대통령은 '노벨 평화상'을 받았어. 이 상은 세계에서 가장 평화를 위해 애쓴 사람에게 주는 상이야. 우리나라에서는 2000년에 김대중 대통령이 이 상을 받았단다.

새로운 삶

대통령이 된 만델라는 남아프리카 공화국 국민이라면 모두가 똑같이 존중받을 수 있도록 새로운 헌법을 만들었어. 사람들이 살 수 있는 집을 충분히 짓고, 아이들이 공부할 학교와 아픈 사람을 돌볼 병원을 세웠지.

만델라는 5년 동안 대통령으로 일했어. 그리고 스스로 자리에서 물러났단다. 이제 자기보다 젊은 사람이 나라를 이끌어야 한다고 생각했거든. 그 후 1999년부터는 요하네스버그에 있는 자신의 집에서 대부분 시간을 보냈어.

1918
7월 18일,
남아프리카 공화국
음베조에서 태어나다.

1930
아버지가 세상을
떠나다.

1941
요하네스버그로 가다.

만델라는 1996년에 마디키젤라와의 결혼 생활을 마치고, 2년 뒤 자신의 80번째 생일에 사진 속 인물인 그라사 마셸과 결혼했어.

1994년, 대통령 선서를 하는 만델라

만델라가 미국의 빌 클린턴 대통령에게 자신이 수감되었던 교도소를 보여 주는 모습

만델라와 다음 대통령으로 뽑힌 타보 음베키

1944
아프리카 국민회의에 들어가다.

1952
남아프리카 공화국에 최초로 흑인 법률 사무소를 열다.

1956
반역죄로 체포되다.

만델라는 그가 어릴 적 살았던 쿠누에도 집이 있었어. 그는 그곳에서 음악을 듣고, 가족들과 시간을 보내며, 해가 뉘엿뉘엿 지는 모습을 즐겨 보았지. 이 모든 건 그가 감옥에 갇혀 있을 때는 할 수 없던 일들이었어.

만델라는 2013년 12월 5일, 95살의 나이로 세상을 떠났어. 이날 전 세계 사람들은 만델라를 기억하며 슬픔에 잠겼단다.

만델라는 모든 인종의 동등한 권리를 위해 평생 용감하게 싸우며, 우리에게 용기를 가르쳐 주었어. 거의 모든 것을 빼앗기고도 포기 하지 않으며 희망이 무엇인지 알려 주었지.

1961
아프리카 국민회의의 군대를 만들고 이끌다.

1964
종신형을 선고받다.

1990
감옥에서 풀려나다.

그는 우리에게 용서와 평화롭게 사는 법을 보여 주었어. 나라를 하나로 모았고, 세상을 바꾸어 더 나은 곳으로 만들었단다.

1994
남아프리카 공화국 최초의 흑인 대통령이 되다.

1999
대통령 자리에서 물러나다.

2013
12월 5일, 세상을 떠나다.

도전! 넬슨 만델라 퀴즈

넬슨 만델라에 대해서 많이 알게 되었니? 아래 퀴즈를 풀며 확인해 봐! 정답은 45쪽 아래에 있어.

1. 만델라에게 '넬슨'이라는 이름을 지어 준 사람은?
A. 부모님
B. 첫 번째 학교 선생님
C. 마법사
D. 백인 판사

2. 아버지가 세상을 떠난 뒤 만델라가 가게 된 곳은?
A. 초콜릿 궁전
B. 공룡이 사는 왕국
C. 왕의 대저택
D. 구불구불 미로 도시

3. 다음 중 만델라가 즐겨 한 운동은?
A. 배구
B. 야구
C. 권투
D. 핸드볼

4

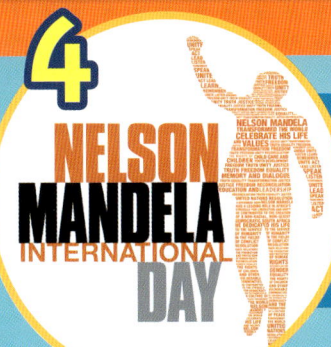

'국제 넬슨 만델라의 날'은 언제일까?
A. 1월 15일
B. 5월 3일
C. 7월 18일
D. 9월 21일

5

1964년, 만델라가 정부를 무너뜨리려 했다는 죄로 받은 벌은?
A. 손바닥 100번 치기
B. 매일 수염 뽑기
C. 징역 5년
D. 종신형

6

만델라는 1990년에 석방되기까지 몇 년 동안 감옥에 갇혀 있었니?
A. 18년
B. 27년
C. 35년
D. 41년

7

남아프리카 공화국에서 흑인과 백인을 차별하여 나누는 법을 뭐라고 했니?
A. 아파르트헤이트
B. 부족 법
C. 반역
D. 동등한 권리

정답: 1.B, 2.C, 3.C, 4.C, 5.D, 6.B, 7.A

알아 두면 쓸모 있는 용어

활동가: 어떤 일을 이루려고 열심히 힘쓰는 사람.

동등한 권리: 누구나 차별 없이 똑같이 대우받는 것.

변호사: 도움이 필요한 사람을 대신해 법 문제를 해결할 자격이 있는 사람.

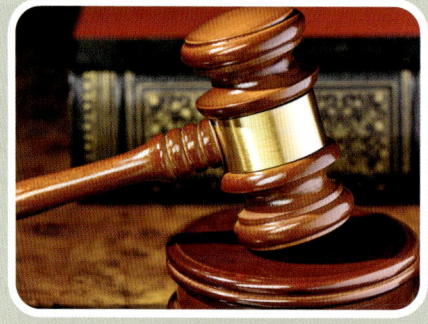

선고받다: 법원으로부터 어떤 벌을 받도록 결정되다.

파업: 자신의 뜻을 드러내기 위해 일부러 일을 멈추는 것.

캠페인: 많은 사람들이 같은 목표를 이루려고 함께하는 활동.

정부: 나라에 필요한 계획을 실행하는 곳.

시위: 사람들이 모여서 잘못된 일을 바꾸자고 말하거나 행동하는 것.

인종 차별 주의: 피부색에 따라 사람을 다르게 대하려는 생각.

반역죄: 나라를 다스리는 사람들을 몰아내고 나라를 차지하려고 한 죄.

부족: 같은 언어와 문화를 가지고 모여 사는 사람들의 집단.

찾아보기

ㄱ
감옥 6, 31, 36, 42
광산 21
교장 선생님 19
국제 넬슨 만델라의 날 33
군대 28
군사 훈련 28
권투 32
그라사 마셸 43

ㄴ
넬슨 만델라 박물관 10
넬슨 만델라 자유 축제 35
노벨 평화상 39

ㄷ
대도시 21
대저택 13, 14, 20
대통령 36, 39, 42
대표 24
동등한 권리 6, 22, 36, 42

ㄹ
로벤섬 30, 31, 32, 36
롤리랄라 8

ㅁ
마디바 12

ㅂ
반역죄 26
법률 사무소 24, 41
변호사 22, 25
변호사 시험 25
부족 9

ㅅ
석방하다 35, 36
수감 번호 32
수감자 32, 34
시위 19, 34
시위대 36
신분증 23

ㅇ
아파르트헤이트 7, 38
아프리카 국민회의 22, 23, 24, 27, 28, 41
에벌린 메이스 22
에이브러햄 링컨 33
여권 30
오두막 10, 13
올리버 탐보 24
요하네스버그 20, 21, 40
용서 39, 43
위니 마디키젤라 27
윗몸 일으키기 33
음베조 8, 20, 40
음케케즈웨니 13
인종 38, 39
인종 차별 주의 6
임원 19

ㅈ
자유를 향한 머나먼 길 32
재판 26, 28
정략결혼 20
정부 26, 31
제자리뛰기 33
족장 9
종신형 31
지도자 34
징역 30

ㅋ
캠페인 35
쿠누 9, 10, 13, 42
크로스컨트리 18
클라크버리 기숙 학교 14

ㅌ
타보 음베키 41
템부 9, 12
투표 19

ㅍ
파업 24
팔굽혀펴기 33
평화 36
포스터 35
포트헤어 대학교 18
프레데리크 빌렘 데 클레르크 36
피부색 4, 6

ㅎ
학교 16
활동가 26
힐드타운 14, 15